DE L'INFLUENCE

POLITIQUE

DE PARIS.

PAR

J. F. A. Combes.

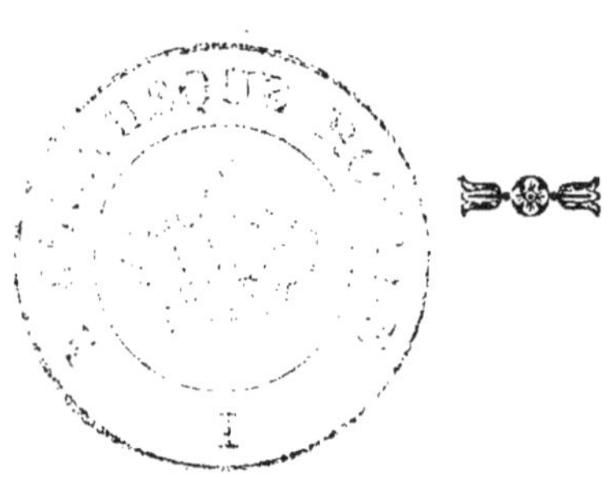

TOULOUSE,

J.-B. PAYA, LIBRAIRE-ÉDITEUR,

HOTEL DE CASTELLANNE.

1854.

DE L'INFLUENCE

POLITIQUE

DE PARIS.

La civilisation est progressive en ce sens que, poussée de période en période par d'illustres initiateurs, animés par-dessus tout de l'amour du progrès, de l'ardeur de l'étendre, du besoin d'en multiplier les avantages, elle se développe en excitant l'enthousiasme des masses, en fortifiant leurs croyances, et fesant converger tous les efforts vers l'accomplissement d'un but utile ou généreux ; ces initiateurs, ce sont tour-à-tour des poètes, des prêtres, des législateurs, des guerriers en qui se concentre la volonté providentielle, et d'où se répand au loin une surexcitation propre à accroître, en les dirigeant, les forces des diverses individualités.

Mais l'action du grand homme, fugitive comme son existence, deviendrait presque toujours inaperçue ou sans portée, s'il ne restait après lui des cités destinées à résumer ses travaux et à préparer la place à ses continuateurs. Si les sciences positives nées en Egypte se sont emparées peu-à-peu de toute la surface du globe ; si la Grèce est devenue le berceau des beaux arts ; si en même temps les bords du Jourdain ont servi de théâtre aux premiers travaux industriels socialement organisés ; si au moment où les peuples divisés de l'Asie Mineure et de la Perse allaient se perdre en fractionnemens infinis, et disparaître comme le fleuve aux mille bras, desséché dans les sables du désert, un vaste réservoir les a de nouveau réunis ;. si dans un coin de l'Italie, la puissance guerrière a tissé la chaîne immense qui liait les barbares de l'Afrique aux habitans nomades de la Gaule, les enfans de la Judée aux sujets d'Alexandre ; si, plus tard, la chrétienté a ressuscité, au milieu des forêts de la Germanie, sur les bords de la Seine, de la Loire et du Rhône, le germe de l'association de plus en plus étendue des peuplades des provinces et des empires : comment s'expliquer ces magnifiques évolutions, sans reconnaître l'influence toute-puissante des Pharaon, des Cécrops, des Moïse, des Alexandre, des César, des Charlemagne, des Grégoire VII, des Louis XIV et des Napoléon ? Comment ne pas voir en même temps que l'apparition de ces brillans météores, pour être profitable à l'humanité, a dû se refléter dans l'espace, au moyen de monumens animés de leur vie, et propres à faire mieux comprendre leur œuvre ? Comment ne pas sentir par conséquent qu'à côté de ces grands noms viennent se placer d'eux-mêmes les noms tout aussi glorieux de Thèbes et Memphis, d'Athènes, de Jérusalem, d'Alexandrie, de Rome et de Paris.

L'influence civilisatrice des centres matériels est pourtant plus ou moins appréciable, suivant les temps où le développement sociétaire s'effectue régulièrement, et les circonstances plus rares où il a lieu par secousses violentes. Dans le premier cas, chacun s'anime de la vie puisée au foyer commun, sans se rendre compte de la part qu'il en reçoit ; dans le second, hors les hommes d'une certaine nature pour lesquels une surabondance d'activité semble constituer l'état normal, le reste de la même unité souffre et se plaint, ne pouvant pas comprendre à quelles conditions de perturbations particulières doit s'accomplir le perfectionnement général : ainsi, dans le monde physique la majestueuse harmonie de l'univers frappe moins les esprits vulgaires, captive moins l'attention des masses que l'apparition d'une éclipse ou la venue d'une comète ; cependant pour le savant religieux, ces phénomènes jour-

naliers ou accidentels sont liés au même plan, attachés
au même ensemble, dirigés vers la même fin.

Dans la position actuelle des sociétés, au milieu d'un
scepticisme érigé en doctrine, ne soyons donc pas étonnés
si l'on a pu douter des avantages résultant pour la France
de l'action initiative de Paris. Qui n'a pas entendu quelques voix nier ainsi l'autorité. « D'en haut il ne nous
vient que la tempête, la foudre, la grêle.........» et la
lumière, voilà ce qu'on oublie. Avec une mémoire plus
complète, et sans dissimuler aucun des inconvéniens que
des circonstances passagères ont attachés à la prédomi-
nance de Paris sur les départemens, il est facile de dé-
montrer la nécessité de son influence politique.

Après l'entière dissolution de l'empire romain, tous les
élémens du progrès social semblèrent un moment suspen-
dus. Le paganisme s'éteignait dans les derniers efforts de
Julien ; les enfans du Christ, sans rapport direct avec les
diverses institutions nationales, promenaient leur indivi-
dualité proscrite, des ténèbres des catacombes aux déserts
de la Thébaïde ; la science ramassée en débris dans l'école
d'Alexandrie, aboutissait à un chaos inextricable ; l'activité militaire qui, seule jusques-là avait poussé à l'association, s'éparpillait sous mille chefs improvisés par les
acclamations d'une soldatesque capricieuse ou intéressée ;
la politique, réalisation forcée de l'anarchie intellectuelle
et morale, se produisait en essais malheureux, en tentatives incohérentes, tantôt asservie à la domination féroce
des Germains, tantôt pliée par le fer des Arabes, et toujours vagabonde, parce qu'il lui manquait un siége dé-
terminé, du haut duquel elle pût régulariser le courage,
ranimer les lumières, augmenter le bien-être des po-
pulations.

Le sol des Gaules sillonné en tout sens, servait de théâtre
aux excursions de certains chefs de bande, appelés assez
abusivement rois des premières races, et qui suppléant à
la faiblesse de leurs moyens d'attaque par une activité in-
fatigable, se portaient sur tous les points propres à satis-

faire leur amour du butin, leur penchant au brigandage. Clovis et ses prétendus successeurs, ne firent pas autre chose; lancés comme un essaim d'insectes sur le cadavre presque froid de la puissance des empereurs, ils le déchiquetaient, en arrachaient des lambeaux, les traînaient à leur suite, bientôt prêts à s'en disputer entre eux la possession et la jouissance.

Alors point de ville prépondérante : ce privilége passait tour-à-tour de l'endroit marqué par une action guerrière, aux cabanes agglomérées que leur position rendait redoutables; et de celles-ci, aux repaires qui servaient momentanément de retraite pour le partage des dépouilles enlevées à l'ennemi. Paris était un simple lieu de passage. Charlemagne, ce prodige de son époque, ce représentant d'une civilisation trop précoce, ce précurseur politique du catholicisme de Lhildebrand, n'ayant su rallier l'immensité de son empire qu'à sa propre personne, devait ne laisser qu'un pouvoir essentiellement temporaire ; lui disparu, tout devait se dissoudre, et le foyer provisoire des sciences, de la religion et de la guerre, s'anéantir dans une divisibilité incalculable; en aurait-il été ainsi, si à ce grand homme eût pu survivre une vaste cité dépositaire des progrès de son règne et des ressources civilisatrices de l'avenir ? L'empire de Charlemagne fut un arbre grandi tout-à-coup, pourvu de branches énormes, mais surmontées par une tête presque aussitôt desséchée.

Une infinité de souverainetés locales, devait donc succéder à l'unité d'une puissance trop peu en rapport avec la position retardée de cette époque ; les peuples n'étaient pas encore assez chrétiens pour sentir les bienfaits d'une large association ; les moyens de communication manquaient totalement : comment supposer d'après cela le désir et la possibilité d'aboutir à un centre de direction, dont on éprouvait mille inconvéniens sans aucun avantage ? Cette expérience profita plus tard à Guillaume-le-Conquérant : à peine assis sur le trône d'Angleterre, il s'empressa d'établir le régime féodal, subdivisant ainsi un pouvoir trop concentré pour pouvoir raviver toutes les parties de ses nouveaux états.

L'unité française était à reconstruire : sous les deux premières races, il n'y avait point eu de capitale du royaume. Les rives de la Seine hérissées d'immenses forêts, du milieu desquelles s'élevait comme l'aire d'un aigle, l'isle de la Cité couverte de cabanes protégées par quelques châteaux forts contre l'invasion des Normands, servirent long-temps de point d'appui à ces agresseurs, jusques au moment où, après treize tentatives inutiles de leur part, un héritier des premiers comtes de Paris, les refoula dans les plaines de Soissons.

Hugues-Capet, circonscrit dans ses possessions bornées à trois provinces, leur donna pour pivot d'agrandissement l'ancienne Lutèce des Romains, réduite à ses moindres proportions. Dès-lors et jusques à Louis XIV, époque de sa parfaite nationalité, la France en s'appropriant successivement les conquêtes ou les héritages de Louis-le-Jeune, Philippe-Auguste, Charles V, Charles VII, Louis XI, François Ier, Henri IV et Louis XIII, augmenta par une conséquence simultanée l'importance de Paris; on voit, en effet, les enceintes de la capitale s'accroître à mesure que de nouvelles provinces sont ajoutées aux possessions primitives d'Hugues-Capet, comme dans le corps humain, le développement des membres entraîne un développement proportionnel de la tête et du cœur; or, Paris est la tête et le cœur de la France.

La capitale du royaume ne pouvait s'agrandir, sans emprunter aux provinces une partie de leurs habitans : ceux-ci retournaient aux lieux d'où ils étaient venus, transformés dans leurs goûts et dans leurs idées : à peine l'industrie eut-elle pris corps par l'émancipation des communes, que l'abbé Suger en favorisa le développement au sein de Paris. Sa population rapidement augmentée y revêtit un nouveau caractère, comme l'attestent les fondations monumentales de l'époque; presque toutes appartiennent à des corporations d'artisans; sous Philippe-Auguste, l'université prit naissance; elle attira de toutes les parties de la France et de l'Europe, une foule de jeunes étudians, dont la présence dans Paris combla les vides de sa seconde enceinte : en moins de quarante ans, tout l'espace auparavant libre fut occupé ; à ce progrès, né de la propagation scientifique, Philippe-le-Bel en fit succéder bientôt un autre par l'application de la morale aux intérêts matériels : comprenant les vices de cette justice ambulatoire que les princes traînaient à la suite de leurs armées, de ces jugemens rendus en présence des monarques, ayant la lance au poing et le casque en tête, il déclara le parlement sédentaire à Paris : peu d'années après, celui-ci fut assez fort pour abolir le duel en matière civile.

L'établissement des bibliothèques publiques, de la première imprimerie française, des postes ; la langue française prenant de jour en jour un tour moins gothique ; la fondation des chaires royales pour les langues savantes ; le latin aboli dans la confection des actes publics ; les académies instituées ; les mœurs assouplies par les tournois, adoucies par les théâtres ; les protestans conquérant le droit d'ouvrir leur premier temple ; le parlement sauvant la France après la bataille de Pavie, empêchant l'établissement de l'inquisition, s'insurgeant à sa manière contre la cour de Rome, en devenant l'appui des prétendues libertés de l'église gallicane ; tels furent les principaux jets de civilisation, qui du haut de Paris éclairèrent toutes les parties de la société française, jusques et compris les travaux politiques de Louis XI, Richelieu et Louis XIV.

Le premier avait besoin d'un fort point d'appui sur lequel il pût asseoir le levier destiné au renversement d'une aristocratie retardataire, il le trouva dans le parlement de Paris : ce corps composé presque en totalité de membres du tiers-état, forma dans la France le noyau du parti populaire, pendant que les autres siéges de justice, voués exclusivement au réglement des intérêts individuels, annulés chaque jour par l'ascendant des gentilshommes de province, n'osaient leur opposer aucune résistance.

Richelieu venant d'accroître la force centrale de Paris, en faisant démolir toutes les forteresses de l'intérieur, sentit aussitôt la nécessité de constituer l'unité territoriale et politique au moyen de l'unité du langage ; dessein téméraire, s'il ne se fût trouvé sur un point assez de lumières pour, réunies en faisceau, effacer la diversité des idiomes qui, en toute autre part, ne pouvait manquer de se perpétuer à cause de la tradition ou du voisinage des nations étrangères ; ainsi fut établie la première compagnie littéraire prête à servir de base aux explorations scientifiques, et à fixer la langue qui, malgré les protestations d'une méticuleuse diplomatie, doit un jour être le lien des différens peuples de l'Europe et du monde.

Louis XIV pouvait apparaître, tout était préparé pour former le cadre de ses plans de centralisation ; il voulut, et de toutes les extrémités du royaume, les supériorités sociales accoururent à Paris, d'où elles firent rayonner au loin une chaleur douce, féconde et salutaire.

Maître absolu de l'armée, Louis XIV enleva toute influence politique aux gentilshommes, réduisit à la nullité les princes du sang, appela à ses côtés les gouverneurs des provinces pour avoir une action plus directe sur elles, alla chercher le mérite inconnu jusqu'au sein des nations étrangères, recueillit en corps les ordonnances des anciens rois et détruisit la tyrannie des seigneurs. Fut-il parvenu à accomplir ces grandes choses, si pour faire taire les petites ambitions déchues, les puissances locales amoindries, Paris ne lui eût offert le moyen de les arracher à leurs vieux manoirs par l'attrait des fêtes, des divertissemens et des spectacles ?

Ainsi ramenée à l'unité, la France pouvait braver l'esprit rénovateur des philosophes du 18e siècle, et les guerres de la révolution ; le terrain pouvait subir une culture différente et être bouleversé en tout ou en partie, les limites étaient fixées : Paris restait comme le point de ralliement à la nationalité française ; dès ce moment pourtant l'action prépondérante de Paris se fit sentir d'une manière différente suivant les circonstances.

L'assemblée constituante, en détruisant les provinces avec

une facilité extrême et sans exciter le moindre murmure, en appelant autour de l'autel de la fédération les délégués des nouveaux départemens, fit pénétrer dans chaque localité son esprit d'hostilité contre le régime féodal, effaça les différences d'intérêts territoriaux, les rattacha tous au même système, créa en un mot le type français à la place des anciens types bretons, normands, provençaux, alsaciens et bourguignons : fusion impossible si dans les divers centres provinciaux, il se fût trouvé des cités égales à Paris en grandeur et en population.

La Convention elle-même, nécessairement inconséquente avec son principe, fut puissante et victorieuse, parce que concentrant l'énergie parisienne dans un comité de dix membres, et bientôt sur la tête d'un seul, elle put lancer de tous côtés ces bataillons à l'aide desquels elle terrassa quatorze armées féodales, et abattit la tête du fédéralisme, à Lyon, à Marseille, à Caen, à Toulon et dans la Vendée.

Si plus tard, le directoire faible dans ses vues, vacillant dans ses plans, incertain dans ses projets, périt après quatre ans de durée, sans avoir eu d'autres momens de force que le lendemain de ces journées périodiques, de ces émeutes passagères, où Paris se levait en masse pour imposer aux conspirateurs de la province, la cause en est due à l'influence rétrograde de cette dernière, et à un commencement de localisation qui minait constitutionnellement l'unité de la république.

Bonaparte s'empara du pouvoir; il ne fut pas long-temps à reconnaître combien il importait à la solidité de son trône, de l'asseoir sur la prépondérance de la capitale : son importance fut accrue; là s'établit le siége de cette administration coercitive, dont les mouvemens agitaient jusqu'au plus petit village ; là, l'homme du destin voulut recevoir l'onction sacrée, du successeur des Boniface et des Grégoire, au lieu d'aller comme Charlemagne la chercher à Rome, certain que de cette élévation, l'astre de sa splendeur réchaufferait, en les éclairant, tous les points de la France. — C'est à Paris que se passaient alors ces magnifiques revues, dont l'éclat servait à faire oublier au jeune conscrit le foyer domestique, en le noyant dans les plaisirs de la civilisation ; que s'accomplissait l'unité d'une législation long-temps variable suivant les différens degrés de latitude ; que se fondaient ces fortunes miraculeuses, fruit du mérite personnel, premiers jets de la source industrielle, moyen d'acheminement pour la capacité ; que se trouvait la politesse des mœurs, la pureté du langage, l'élévation des sentimens, le génie du cosmopolitisme, mêlé à l'enthousiasme de la patrie.

Mais le grand homme s'était trompé de route ; l'œil fixé sur le but de l'association européenne, il ne s'était pas aperçu que le plus mauvais moyen d'y parvenir était la guerre ; renversé au milieu de ses desseins gigantesques, il brisa dans sa chute les premiers anneaux de la chaîne d'acier, qui tenait une partie du continent attaché à sa personne.

Paris restait encore ; à cette cité se trouvait lié le mécanisme administratif et l'action politique, la restauration en profita pour répandre en tous lieux son mouvement rétrograde ; attirant autour d'elle les restes de l'armée féodale, elle la combla d'honneurs et de richesses, l'empêchant ainsi de regretter sa position antérieure au passage absorbant de Richelieu et de Louis XIV ; aussi, pas un cri contre l'influence de Paris ne partit de ses rangs, tant qu'elle approcha le pouvoir ; les libéraux seuls, fidèles à leur mission de protestantisme politique, essayèrent quelques vœux en faveur des intérêts des départemens ; ils montrèrent leurs coryphées parvenus aux fonctions législatives comme les mandataires exclusifs d'autant de portions du territoire ; ils calculèrent combien coûtait aux habitans du Var, du Rhin, du Rhône et du Finistère, chaque pavé de Paris ; ils demandèrent une organisation (ce mot est remarquable en ce qu'il exprime le contraire de l'idée) municipale et départementale, voulant, disaient-ils, que chaque commune pût gérer ses affaires elle-même.

En résolvant encore aujourd'hui le problême dans le sens du prétendu intérêt des localités, les libéraux sont conséquens : animés d'une haine légitime contre l'ancien régime, ils en poursuivent les restes partout où ils croient

les trouver. Paris avec son administration recentralisée par
Napoléon, est pour eux encore la cité de Louis XIV, avec
ses allures courtisanesques, ses dépenses exclusivement
profitables à une classe, son alimentation des vices des
grands, son trône entouré d'une fastueuse grandeur : ils
prêchent donc le gouvernement à bon marché et la cons-
titution locale des États-Unis : en s'attachant à la même thèse,
les légitimistes sont, sous un certain point de vue, excu-
sables : se rappelant tout ce qu'il a fallu de peine et de
sang aux derniers rois de la monarchie française, pour
élever la puissance de Paris sur les ruines de la féodalité,
comparant le rôle des grands seigneurs au sein de leurs
châteaux, à la tête de leurs vassaux, au premier rang
des bataillons guerriers, avec le rôle de ces mêmes hommes
roulant éclipsés dans l'orbite des souverains, sentant d'ailleurs que cette dernière compensation va leur manquer
après une révolution faite par le peuple, et tôt ou tard
destinée à lui être utile, les légitimistes cherchent à re-
tenir une ombre de cette importance personnelle qui,
dans la petite ville, le village, le hameau, s'attache encore
à la richesse ou à un nom ancien, ils demandent en conséquence un affranchissement complet, une liberté absolue,
pour arriver en certains lieux à l'anéantissement de toute
impulsion progressive.

La question est toute de circonstance : en effet, lorsque
pendant 15 ans, Paris enseignait aux départemens à com-
battre un pouvoir arriéré, fondant la puissance irrésistible
du journalisme, véritable sacerdoce des temps modernes,
et créant au milieu d'une chambre homogène en sentimens personnellement intéressés, une minorité d'oppo-
sition dépositaire des besoins nouveaux ; lorsque, par une
attitude importante, Paris sauvait la liberté de la presse,
faisait rentrer dans le néant la loi du droit d'aînesse, or-
ganisait à l'aide de ses comités les élections de nos collé-
ges ; lorsque ses premiers publicistes osaient prononcer
le nom de Jacques II, à la face de nos Stuards incorri-
gibles ; lorsqu'au péril de leur vie, ses enfans refoulaient

la branche aînée jusque sur les côtes de Cherbourg, les libéraux élevaient-ils la moindre plainte? Ils se taisaient alors, jouissant d'une influence qui leur était propre, et attendant avec dévoûment le mot d'ordre de leurs capitaines politiques.

Et les légitimistes, ces apôtres improvisés de la localisation, que faisaient-ils en ces temps? Deux fois ils applaudirent en voyant la conquête de Paris, promettre à leur domination le reste de la France : un jour même ils nièrent à chaque commune le droit de se nommer des administrateurs indépendans, ne voulant pas, disaient-ils, livrer l'état à l'action dissolvante de quarante-quatre mille républiques.

Aux uns et aux autres il faut dire aujourd'hui : une infinité d'abus sont attachés encore à l'influence de Paris, mais en principe cette influence n'en est pas moins efficace.

Que l'adoption des mesures urgentes les plus simples ne puisse avoir lieu avant l'avis approbatif d'un bureaucrate parisien ; que le plus mince devis de constructions municipales ne doive être mis à exécution, qu'après avoir passé sous les yeux et la plume d'un chef, sous-chef, commis et expéditionnaire de l'un des neuf ministères ; que mille renvois superflus viennent s'opposer quotidiennement à l'accélération du rouage administratif ; qu'une assemblée compassée et méticuleuse, sous le nom de conseil d'État intervienne dans un grand nombre d'actes, pour lesquels son contrôle est illusoire ou inutile; que, comme l'a dit un préfet de l'empire, publiciste d'esprit et d'habileté : (1) « Tout un monde sue sang et eau pour faire « aller une machine compliquée, au lieu de travailler à « lui rendre la voie plus facile, qu'on donne tous les jours « des milliers de signatures sur des intérêts du village, et « que l'on n'ait pas quelques minutes pour réfléchir sur « la nature et l'affermissement des intérêts généraux » ; il y a là inconvénient grave, parce qu'il y a perte de

____

(1) Fiévée. (1819).

temps, perte de forces vives, et trop d'efforts accumulés pour obtenir un résultat mesquin : signalez ces abus, c'est bien ; mais ne croyez pas que par leur suppression l'influence politique de Paris reçoive la moindre atteinte : son action sur le reste de la France a un tout autre caractère ; elle consiste à développer dans l'intérieur du royaume comme au-delà de ses frontières, les sympathies de province à province, de peuple à peuple, d'empire à empire (1). Bien différente en cela de certaines autres capitales, la nôtre s'est successivement assimilée les provinces en les faisant également participer aux mêmes bienfaits sociaux, tandis que Londres vouée exclusivement au culte de la production matérielle, sans autre sentiment d'excitation que l'égoïsme, a étendu son action sur d'immenses colonies, sur la malheureuse Irlande, sur les côtes continentales, en exploitant tout à son avantage. Voyez aussi d'un côté les conquêtes de Louis XIV, celles même de Napoléon, tendre de plus en plus à se confondre avec la France ; et de l'autre, l'Amérique séparée d'abord de l'Angleterre par l'insurrection, s'en éloigner tous les jours davantage par la lutte des intérêts commerciaux.

Le sentiment d'association, c'est-à-dire, le véritable sentiment progressif est tout entier dans Paris : c'est là qu'il alimente ces immenses projets industriels, auxquels est attaché l'avenir de la France et des autres nations voisines ; c'est là qu'il anime les ames généreuses de cette ardeur de propagande, dont les moyens seuls sont répréhensibles ; c'est là qu'il a produit par l'influence scien-

---

(1) L'unité politique de la France est, nous l'avouons, un de ses premiers besoins, l'un de ses plus grands avantages ; nous la désirons plus que personne, parce qu'elle est la condition de notre indépendance à l'égard de l'étranger ; nous la désirons encore, parce que le peuple français nous paraît, comme à M. de Maistre, *un peuple missionnaire*, et que l'influence morale de la France sur le reste du monde, dans l'ordre de la providence, nous semble tenir en grande partie à cette unité et à la suprématie de Paris. — *Avenir*, journal français, N° du 3 janvier 1831.

tifique, l'unité de législation, l'unité des monnaies, l'unité
des poids et mesures.

Cette disposition naturelle explique seule pourquoi le protestantisme religieux a fait si peu de progrès en France
pendant que le protestantisme politique envahissait tout ;
le français, de moins en moins chrétien, a préféré l'indif-
férence en matière de dogme, à une prétendue religion
qui ne relie rien parce qu'elle laisse à chacun son indépendance absolue ; il a senti instinctivement que pour être
conséquent il ne pouvait arriver à la profession de la doctrine de Luther et de Calvin, sans la réaliser politiquement
dans des formes républicaines. S'il s'est rué avec violence
contre la monarchie ancienne, s'il a cru dans l'efferves-
cence d'un premier entraînement pouvoir baser quelques
institutions sur les principes négatifs de la liberté, de l'éga-
lité, de la souveraineté populaire, il est bientôt revenu
aux suggestions de son éducation catholique, cherchant
l'unité politique, soit dans les camps de Napoléon, soit
à la suite de ceux qu'il appelait alors les enfans d'Henri IV.

Paris seul entretient cet amour de l'unité ; sa légitime
suprématie détruite, la société politique se dissoudrait à
l'instant ; car il n'y a société que là où existe une hiérarchie : or, toute hiérarchie suppose des supériorités agissant
continuellement sur les sentimens, les lumières et l'activité
des inférieurs.

Détruisez l'influence de Paris, faites comme les protestans sous Louis XIII, qui, à chaque succès obtenu, parlaient
de fédéraliser les provinces ; et, sur ce territoire borné par
l'Océan, le Rhin, les Pyrénées et les Alpes, vous ne trou-
verez plus de Français, vous aurez à la place des Langue-
dociens, des Flamands, des Lorrains pleins les uns contre
les autres de préjugés haineux ; chaque département se
trouvera désolé par des jalousies de ville à ville, de hameau
à hameau, de quartier à quartier ; ainsi que dans les localités les plus retardées du Midi, on voit les habitans d'une
fraction de commune, d'un village, d'une paroisse, en
guerre continuelle contre leurs voisins, se donnant pério-

diquement rendez-vous sur un terrain neutre pour s'assommer avec le bâton, s'égorger à coups de couteaux sans autre motif que la différence de position de leurs habitations respectives ; voulez-vous voir la fin de ces luttes, le terme de ces massacres, que la trompette sonne, que l'heure de la conscription arrive, que le toit paternel disparaisse dans l'éloignement, aussitôt ces ennemis mortels de la veille s'unissent d'une fraternité inaltérable.

Détruisez l'influence de Paris, vous annulez aussitôt celle des grandes cités de la province ; par une conséquence naturelle, le département, la commune, et plus tard la famille, ne voudront plus dépendre que d'elles-mêmes, marchandant avec lésinerie les conditions de leur consentement à entrer dans l'organisation territoriale de la patrie; accepter cette prétention (et elle serait logique), c'est envier le sort des peuplades primitives, des clans écossais, des hordes de l'Afrique intérieure ; c'est vouloir retourner au terme d'où l'humanité est partie autrefois, et d'où elle a été arrachée par un courant qu'elle essaierait en vain de remonter.

Détruisez l'influence de Paris, vous laissez chaque commune se rapetisser chaque jour davantage, s'atrophier de plus en plus au gré des plus petites passions, des intérêts les moins développés ; ici un homme influent par sa fortune absorbera tout ce qu'il pourra pour sa satisfaction individuelle ; un chemin, un canal pouvaient être avantageux à tous, il en changera la direction pour les rendre spécialement utiles à sa terre, commodes pour la position de son château, comme on voit en Allemagne chaque principauté, chaque république municipale, imprimer aux routes d'innombrables sinuosités pour les rapprocher de leurs murs : là, pour conserver une prépondérance héréditaire, le seigneur du lieu tiendra ses paysans dans l'ignorance, refoulera leurs désirs d'émancipation, étouffera dans eux le sentiment de la dignité humaine, craignant que l'instruction, le bien-être et la moralité ne parviennent un jour à se superposer entièrement aux priviléges de la naissance.

Enfin, détruisez l'influence de Paris, et vous arrivez à laisser chaque ville, chaque paroisse, chaque clocher, se gouverner suivant ses affections, ses lumières et ses ressources; or, que sont ces affections dans certains lieux encore barbares, ces lumières dans des endroits où personne ne sait lire, ces ressources dans des coins de terre où tous les habitans vivent d'aumônes?

On ne manquera pas de répéter ici une allégation déjà devenue banale depuis qu'un grand talent l'a jetée en pâture à l'esprit de parti, en représentant la révolution de juillet imposée à toute la France au moyen d'une diligence surmontée d'un drapeau tricolore; Paris, dira-t-on, peut donc à son gré octroyer aux provinces un mauvais gouvernement?

Sans retourner l'objection contre ceux qui la proposent en leur rappelant les cent jours de 1815, et un gouvernement octroyé à Paris par quelques départemens du Midi et de l'Est, à l'aide d'un seul homme portant *petit chapeau et redingote grise*, il faut d'abord s'entendre avec eux sur les caractères d'un bon gouvernement : en le supposant, celui dont l'action s'exerce dans l'intérêt du plus grand nombre, toute difficulté disparaît.

Paris inspire, il est vrai, la politique des départemens; mais là cette inspiration se modifie suivant la multiplicité des intérêts particuliers, l'actualité des besoins, la plus ou la moins grande facilité de les satisfaire; Paris, on le répète, est la tête et le cœur de la France, les provinces en sont les bras; ceux-ci restent inactifs ou se montrent récalcitrans, s'ils ne sont pas faits ou préparés au genre de travail exigé d'eux; cette éducation a lieu au moyen de la presse : le journalisme parisien pose et résout les problêmes généraux en politique, en morale, en industrie; les petites feuilles départementales rapprochent tous les jours ces solutions prises pour principes, de la conduite des hommes et de la nature des choses de chaque localité; lors donc qu'à l'aide de cette corrélation continue la capitale est sûre d'être soutenue, elle se lance dans des changemens; en

2

véritable général d'armée; elle voit haut et loin , et ne com-
mande à ses troupes que ce qu'elle sait d'avance pouvoir en
obtenir : peu importe dans ce cas que le mouvement de
Paris soit quelquefois un peu brusque , comparaison faite
avec les dispositions des départemens destinés à le suivre ;
Ballanche a dit : lorsqu'une armée se précipite à la victoire,
les grenadiers redoublent le pas pour que les compagnies
du centre puissent se mouvoir , et que les autres à leur tour
trouvent de l'espace ; si toute la poussée venait d'arrière, un
grand bouleversement serait inévitable (1).

La province d'ailleurs n'a jamais accepté que ce qu'elle
a voulu. Autrefois la ligue , la fronde , les querelles des
parlemens n'eurent presque pas d'écho hors de Paris ; plus
tard la convention et le directoire éprouvèrent de sérieuses
résistances dans les départemens , tandis que le serment
du jeu de paume , la nuit du quatre août , le 18 brumaire
1814 et 1830 , ont eu pour auteurs ou complices l'immense
majorité des Français.

Si les événemens des trois jours ne sont , suivant un
illustre écrivain , qu'un accident imprévu ; s'ils n'ont eu
d'autre cause qu'un moment de mauvaise humeur de la
part du peuple de Paris , qu'on nous explique le silence
du voyage de Cherbourg , les premières et significatives
adhésions au gouvernement des barricades, la muette stu-
peur de la terre des Bonchamps , des Lescure , des Cathé-
lineau , la résurrection générale et inopinée de la garde
citoyenne de 89 , et l'absence signalée de tant de fiers ho-
bereaux de province qui nous avaient si long-temps assour-
dis du bruit de leur fidélité à toute épreuve.

L'explication n'est pourtant pas difficile : elle se trouve
dans l'accord existant entre Paris et la province : accord
préparé par quinze ans de tentatives rétrogrades, étendu
par l'influence locale des cinquante mille abonnés aux
journaux du libéralisme , et scellé en face de l'Europe ,
par les élections de 1827 et de 1830.

---

(1) Institutions sociales, page 395. — Paris, 1818.

Il faut donc que Paris gouverne : ainsi le veulent, son passé historique, son rôle de huit siècles à travers les obstacles qu'a dû éprouver la nationalité de la France, la nécessité de son action sur la torpeur naturelle des autres parties du même corps social. A Paris appartient exclusivement la mission de faire éclore cette chaleur vitale, qui du trône se répand sur toutes les branches : car là se trouve le centre de lumière, cause de la fécondité générale ; là s'élaborent dans le creuset des corporations savantes ou de la presse, mille systèmes d'art, de science et de production propres à réveiller les diverses activités assoupies sur la surface du royaume.

Ces activités ramenées par une infinité d'effets au point d'où elles ont été inspirées, donnent continuellement naissance à des théories nouvelles rectifiées par la pratique, augmentant ainsi le foyer commun en substance et en intensité ; unité et multiplicité, passivité et activité, collectisme et divisibilité, voilà le double phénomène dont l'action plus ou moins harmonique suivant les lieux, les temps, les circonstances, se montre dans toute organisation générale ou particulière ; le problême se réduit, par conséquent, à coordonner ces deux termes, de manière à les développer simultanément en laissant à chacun sa vie propre, ou pour mieux dire sa liberté.

En politique comme en physiologie, supposez une partie quelconque d'un tout complexe grandir démesurément, il y aura d'un côté surabondance, et de l'autre appauvrissement : les perturbations seront plus ou moins sensibles, et le tout souffrira jusques au rétablissement du parfait équilibre, ou en d'autres termes, jusqu'à ce que l'excès et le défaut de vitalité puissent se confondre en une unité constamment divisible.

Point de crainte, d'après cela, que Paris s'approprie le monopole des jouissances sociales ; le monopole suppose une possession exclusive et égoïste, la possession à son tour dérive d'un fait ou d'un droit : or, jamais Paris, on l'a vu, n'a opéré un progrès sans y faire participer le reste de la France ; son droit repose sur sa supériorité en richesses,

en talens, en population. Tout se résume donc en un ensemble de rapports plus ou moins directs , mais aboutissant
à la même fin d'organisation sociale : que la capitale soit
le centre de la vie, elle manquerait à sa destinée, men-
tirait à son existence si elle ne répandait de tous côtés la
plus grande partie de ses forces créatrices ; si à leur tour
les membres les plus éloignés n'avaient une disposition
naturelle à s'approprier les effets de l'excitation centrale ;
s'il ne s'établissait enfin entre les élémens divers de la même
unité une circulation constante , semblable à celle du sang
dans l'individu : et de même que la vie humaine manifestée
principalement par les battemens du cœur, transmise à des
membres paralysés, s'y fait peu sentir, de même l'influence
de Paris sur certaines localités engourdies par le froid de
l'ignorance , paralysées par un reste de barbarie, demeure
souvent sans résultat apparent.

Etablissez alors entre le centre et les divers points de la
circonférence une série d'intermédiaires , dépositaires de
l'action générale et plus à portée de la particulariser suivant les besoins progressifs ou retardés des lieux où elle
doit se réaliser. Dans la distribution de l'influence gouver-
nementale, imitez la marche de l'organisation militaire ;
attachée à un centre unitaire, celle-ci imprime une direction spéciale aux différentes parties qui la composent ;
ici elle forme des fantassins pour l'ensemble et la précision
de l'attaque, là des cavaliers pour la promptitude des évolutions ; en même temps elle coule des canons , trace des
routes souterraines , exécute des ouvrages de maçonnerie,
compose des poudres, fabrique des sabres , des fusils et
des lances , liant tous ces travaux à un but unique , la
défense du territoire.

Une idée plus générale et indéfiniment subdivisée dans
ses applications, doit aussi présider à l'organisation sociale ;
favoriser dans tous et dans chacun le libre développement
de leurs facultés , de manière à les pousser au plus haut
degré de perfectionnement moral, intellectuel et physique,
tel doit être le principe ; à Paris, de faire sentir l'utilité

d'une direction conférée aux plus dignes , d'asseoir les
bases d'une éducation politique accessible à tous ; à la province , la liberté de n'accepter de cette impulsion que la
partie immédiatement profitable , à la charge par elle de
ne jamais perdre de vue la condition de son admission dans
la communauté , c'est-à-dire l'obligation de concourir
suivant toutes ses forces au bien-être général ; voilà les deux
termes de la réalisation.

A cet effet , il doit se former autour de la capitale d'autres centres de direction , destinés à agir à leur tour sur
des points plus nombreux et moins vastes , jusques aux der-
nières individualités : Lyon , Rouen , Nantes , Bordeaux ,
Toulouse et Marseille, doivent transformer au gré des besoins
des circonscriptions voisines , les sentimens d'association , à
l'aide desquels chacune de ces villes peut trouver sa part de
prospérité dans l'unité politique ; au sein de nos plus petites
cités , au fond de nos campagnes, les hommes supérieurs doivent servir de lien entre Paris et les provinces , les départemens et les cantons , les communes et les familles , et tout
sera animé d'une même vie , et tout participera au même
bonheur.

Pour cela il est nécessaire que la province recouvre sa
spontanéité ; elle y parviendra , si, différens des pachas de
l'ancien régime , des proconsuls de la république , des sbires
de l'empire, des séides de la restauration, les agens du gouvernement actuel , populaire comme son origine , compren-
nent quel doit être le véritable caractère de l'influence de
Paris et son mode d'agir sur les localités.

Élevés pour gouverner , au moyen d'une éducation propre à deviner , à accroître , à faire fructifier leurs dispositions naturelles , et non pas pris au hasard dans les débris
des révolutions , pour s'adapter de force à la place d'autres
moteurs administratifs brisés ou rejetés , ils sauront que le
bonheur de l'homme est d'être associé à quelque chose ,
d'avoir des chefs et des conseillers, de sentir son existence
liée à celle des autres , d'être poussé au bien-être par des
agens supérieurs à lui ; ils en concluront la nécessité d'une

direction progressive, ils l'aimeront et la feront aimer : cherchant autour d'eux, ils découvriront cette direction dans un pouvoir central dirigé lui-même par les supériorités de la presse, de la science, de l'industrie ; ils la reconnaîtront assez puissante pour s'insinuer dans les pays les plus arriérés ; ils s'en serviront pour corriger ce que ces pays ont d'ignorance, de brutalité et de misère ; ils les secoueront pour les faire marcher ; ils ne voudront plus être étrangers aux travaux productifs de chaque contrée ; à Rouen, Lyon et Louviers, ils seront les premiers chefs de la fabrication des étoffes ; à Nantes et Bordeaux, ils prendront un rang distingué parmi les armateurs ; à Marseille, ils connaîtront les rapports possibles de la France avec le Levant ; à Toulouse, ils encourageront par leurs leçons et leurs exemples l'industrie agricole.

Alors il existera une unité centrale où toutes les diversités seront admises, harmonisées ; où les individualités les plus restreintes seront développées, soutenues, graduées, non blessées ; où tous les efforts seront combinés au moyen du progrès continu d'une morale appropriée aux besoins de la civilisation, et personnifiés dans les hommes les plus capables de diriger tout le monde dans ce but : alors plus de récriminations contre Paris, plus de doute sur l'efficacité de son action politique ; car, dans cet avenir qui ne saurait être éloigné, Paris apparaîtra comme le soleil de la France et de l'Europe, répandant partout une douce chaleur, fondant peu-à-peu les glaces du retardement, excitant les passions généreuses, desséchant les appétits égoïstes, et éclairant le magnifique tableau des villages, des cités, des départemens, des provinces, des nations, des empires et des continens, associés pour un bien-être universel.

www.ingramcontent.com/pod-product-compliance
Lightning Source LLC
Chambersburg PA
CBHW061816060726
47597CB00008B/3216